Inhalt

Die neue Generation der Spielkonsolen können viel mehr als nur realistische Spiele ermöglichen

Kernthesen

Beitrag

Fallbeispiele

Weiterführende Literatur

Impressum

Die neue Generation der Spielkonsolen können viel mehr als nur realistische Spiele ermöglichen

M. Westphal

Kernthesen

- Die Spielekonsolen stehen vor ihrem Einzug ins Wohnzimmer.
- Die Bedeutung des Marktes für Computerspiele und entsprechende Hardware wächst.
- Die Spielekonsolen beeindrucken mit ihren Funktionalitäten, die nicht alle "nur" spielrelevant sind

Beitrag

Im Zentrum der diesjährigen Electronic Entertainment Expo (E3) in Los Angeles standen die anstehenden Produkt-Launches der neuen Spielekonsolen von Sony, Microsoft und Nintendo. Die neuen Spielekonsolen lassen auch dem schnellsten Rechner auf dem Schreibtisch kaum eine Chance.

Die Spielekonsolen stehen vor ihrem Einzug ins Wohnzimmer

Microsoft möchte die Xbox in Kombination mit dem Windows-Media-Center zur Zentrale privater Unterhaltung machen. Auch die Spielekonsolen der anderen Anbieter bieten weitaus mehr Funktionalitäten als reine Spiele. Um aber den Eintritt ins Wohnzimmer zu erlangen, sind einige Stolpersteine zu überwinden wie z. B. Lautstärke oder Optik des Geräts.

Die neue Generation der Spielekonsolen ist sehr leise. So verfügt die Microsoft-Konsole über ein spezielles System aus Wasserkühlung und Lüfter. Und, sobald bestimmte Teile der Prozessoren nicht mehr benötigt werden, schaltet sich die entsprechende Kühlung ab.

Bei Spielen, zu denen viel Rechenpower benötigt wird, schalten sie hoch, der Fernsehabend über DVD wird aber nicht durch lautes Gebläse beeinträchtigt, da die Lüfter dann heruntergefahren sind. (6)
Ebenso wichtig wie die leise Akustik ist für die Akzeptanz einer solchen Konsole im Wohnzimmer ein schlichtes, edles Design notwendig. Und in diesem Bereich bieten alle Hersteller entsprechend gestaltete Geräte an. (6)

Die Bedeutung des Marktes für Computerspiele und entsprechende Hardware wächst

Die Filmindustrie stagniert und tendenziell schrumpft die Musikindustrie. Es etablieren sich Computerspiele in unterschiedlichsten Formaten und Genres als ein industrieller Medienzweig mit wachsender Akzeptanz. (7)

Wie verbittert deshalb inzwischen der Kampf unter den Herstellern geführt wird, beweist auch wie hoch die Bedeutung ist, die von den Marktteilnehmern diesem Markt inzwischen zugemessen wird.
Mit kleinen "strategischen" Bosheiten haben die Player versucht, sich während der

Produktvorstellungen auf der E3 kleine Vorteile zu verschaffen. So verlegte Sony den Beginn seiner Pressekonferenz kurzfristig nach vorne, sodass alle Journalisten, die auf die (nun unmittelbar anschließende) Microsoft-Pressekonferenz wollten, sich sehr abhetzen mussten. Microsoft wiederum hielt direkt nach seiner Konferenz eine Party ab. Nintendos Konferenz am kommenden Morgen konnten viele Beobachter also nur mit dickem Kopf verfolgen. (1)
Außerdem soll das Microsoft-Bestseller-Spiel Halo mit einer neuen Folge im Frühjahr 2006 auf den Markt kommen und so der Sony Playstation 3 bei ihrem Launch die Show stehlen. (1)

Das Hauptverkaufsargument in der Videospielindustrie ist die technische Innovation, welches fast blindlings mit größeren visuellen und erzählerischen Möglichkeiten gleichgesetzt wird. (7) Durch die Online-Anbindung und die Online-Plattformen der Anbieter werden aber auch neue Geschäftsmodelle möglich. Die Nutzer können über das Internet nicht nur Erfahrungen über Spiele austauschen, sondern gegen Bezahlung auch Musikstücke oder Filme herunterladen. Ebenso können für virtuelle Kämpfe Waffen dazugekauft werden oder die animierten Rennwagen mit mehr PS ausgestattet werden. (6)

Die Spielekonsolen beeindrucken mit ihren Funktionalitäten, die nicht alle "nur" spielrelevant sind

IBM hat an den Chips aller drei Konsolenhersteller mitgearbeitet. Aber es gibt deutliche Unterschiede in den Funktionen der Konsolen, die nicht mehr nur noch für das Kinderzimmer, sondern auch für das Wohnzimmer gebaut werden. So können zwar alle drei Konsolen DVDs abspielen. Die Sony PS3 ist aber die einzige Konsole, die HighDefinition-Bilder also mit 1080 Bildzeilen darstellen kann. Auch die Xbox 360 kann im 16:9-Format abspielen, kommt aber trotzdem nur auf 720 Bildzeilen, allerdings mit Sorround-Sound. Nintendo wird auf HighDefinition komplett verzichten. (2)
Die PS3 von Sony ist die einzige Konsole, die kein herkömmliches DVD-Laufwerk haben wird, sondern die BluRay-Technik nutzen wird, die bis zu 54 GB auf eine Scheibe speichern kann. Außerdem verfügt die Sony-Konsole über einen Erweiterungsschacht, in den eine Festplatte eingebaut werden kann. (2)
Nintendo hingegen verzichtet ganz auf eine Festplatte, Microsoft wird seine dieses Mal nicht ein- sondern anbauen, dafür allerdings mit 20 anstelle vormals 8 GB. (2)
Sony wird komplette Abwärtskompatibilität zu den

alten Spielen gewährleisten, ebenso wie Nintendo, auf dessen "Revolution" sogar die alten Spiele der N64-Konsole noch lauffähig sein sollen. Dagegen wird Microsoft nur die "bestverkauften" Titel auch für die Xbox 360 anbieten, die älteren Xbox-Spiele werden nicht mehr auf der neuen Konsole funktionieren. (2)

Microsoft

Microsoft will zum Launch der neuen "Xbox 360" im November dieses Jahres etwa 25 bis 40 Spiele fertig haben. Es wird bereits an der Entwicklung von 160 Spielen gearbeitet. (1)

Microsoft hat für gemeinsame Marketing-Kampagnen eine Parterschaft mit dem koreanischen Hersteller Samsung vereinbart. Hierbei werden an den weltweiten Xbox-Verkaufsstellen insgesamt mehr als 25 000 Samsung-Fernseher mit HDTV-Technik aufgestellt werden. Trotzdem verspricht Microsoft, dass die Xbox ihre hohe Grafikleistung auch an traditionellen TV-Geräten zur Geltung bringen wird. (3)
Die Xbox verfügt darüber hinaus über drei USB-Steckplätze, an denen digitale Kameras, oder MP3-Player angeschlossen werden können. Die drei leistungsstarken Dual-Core-Prozessoren mit jeweils

3,2 Gigahertz Taktung (verglichen mit 733 MHz bei der alten Xbox) in Verbindung mit dem 512 MB großen Arbeitsspeicher sollen das Spielvergnügen in eine neue Dimension pushen. (3)
Die Xbox lässt bis zu vier Spieler gleichzeitig gegeneinander antreten, bei der Sony PS3 werden es bis zu sieben Personen sein. (6)
Ein Breitbandanschluss ans Internet soll in der Xbox vorhanden sein, um so künftig die Online-Spieleplattform Xbox-Live und Video-Chats zu unterstützen. Der Game Controller wird drahtlos arbeiten. (3)

Sony

Die technische Spezifikation der Sony Playstation 3 hat unter Fachleuten für Aufsehen gesorgt. Der Prozessor wie auch der Grafikchip sollen alles schlagen, was in näherer Zukunft auf dem Markt zu finden sein wird.
Die während der E3 gebotenen Demonstrationen deklassierten die Konkurrenz. Allerdings ist es unter Fachleuten trotzdem umstritten, dass alles was Sony zeigte auch letztendlich den Weg in die Wohnzimmer finden wird. Auch bei der Vorstellung der Playstation 2 im Jahre 2000 zeigte Sony sensationelle Demonstrationen von Spielen, die bis heute keine

tatsächlichen Spiele wurden. Es wurden damals nur hochauflösende Filmtrailer gezeigt. (1)
Die Sony PS3 besitzt nach Herstellerangaben eine Rechenleistung von zwei Teraflops und damit etwa doppelt soviel wie die Xbox 360 von Microsoft. Außerdem besitzt die Sony PS3 nicht nur HDTV-Tauglichkeit sondern soll zwei HDTV-fähige Displays nebeneinander betreiben können. Die Funkstandards Wireless LAN und Bluetooth 2.0 sind serienmäßig eingebaut, wobei die Bluetooth-Verbindung auch für die drahtlose Bedienung genutzt werden soll. (4)

Problematisch in den Augen vieler Fachleute ist die Tatsache, dass
- Microsoft mit seiner Box schneller auf dem Markt ist.
- Sony seinen Spieleentwicklern bisher noch keine PS3-Hardware zur Verfügung gestellt haben.
- Noch kein Entwickler weiß, was er wie aus der monströsen Sony-Hardware herausholen kann.

Nintendo

Die Vorstellung des neuen Nintendo-Produktes, welches zunächst "Revolution" genannt wird, zeigte einen Prototypen, der nicht mehr als eine Designstudie ohne Funktion darstellte. (1)

Der große Vorteil von Nintendo ist die nahezu unerschöpfliche Bibliothek älterer (auch 8-bit-)Spiele, die auch für die neue Konsole zur Verfügung stehen. (1)

Die Nintendo-Konsole wird nur wenig größer als drei übereinander gelegte DVD-Hüllen sein. Viel mehr ist von der neuen Konsole aber nicht bekannt, da neben dem reinen (funktionslosen) Dummy-Demonstrator keine Bediengeräte (Controller) gezeigt wurden. Ebenso unklar ist bisher Preis sowie geplanter Verkaufsstart. (5)

Fallbeispiele

Der Verkaufsstart eines neuen Videospiels kann von den Einnahmen her selbst die größten Hollywood-Produktionen in den Schatten stellen. So erzielten im vergangenen Jahr die neuen Titel Halo 2 (Microsoft), GTA San Andreas (Take 2) oder Gran Tourismo 4 (Sony) weltweit in den ersten Verkaufstagen Beträge weit über der Grenze von 100 Millionen US-Dollar. (7)

Weiterführende Literatur

(1) O. V., Der Blutdurst des Bill Gates, Spiegel Online, 24.05.2005
aus Computer Zeitung, Heft 5, 2005, S. 6

(2) Der Krieg ums Kinderzimmer
aus EXPRESS, 24.05.2005

(3) Der Herausforderer – „Xbox 360"
aus Frankfurter Neue Presse, Gemeinsame Ausgabe vom 24.05.2005, S. 9

(4) Das Sony-Imperium schlägt zurück
aus FOCUS, 23.05.2005; Ausgabe:21; Seite:092-092

(5) Nintendo in Lauerstellung
aus FOCUS, 23.05.2005; Ausgabe:21; Seite:092-092

(6) Jüngling, Thomas, Spielekonsolen für das Wohnzimmer, Welt am Sonntag, 22.05.2005, S. 36
aus FOCUS, 23.05.2005; Ausgabe:21; Seite:092-092

(7) Konsolenspiele als Kassenschlager ANALYSE
aus Frankfurter Rundschau v. 20.05.2005, S.2, Ausgabe: S Stadt

(8) Nächste Runde im Spiel um die Milliarden Videogames: Neue Konsolengeneration heizt den Markt für Entertainment-Software wieder an
aus WirtschaftsBlatt, 18.05.2005, Nr. 2366, S. 23

Impressum

Die neue Generation der Spielkonsolen können viel mehr als nur realistische Spiele ermöglichen

Bibliografische Information der deutschen Nationalbibliothek

Die Deutsche Nationalbibliothek verzeichnet diese Publikation in der deutschen Nationalbibliografie; detaillierte bibliografische Daten sind im Internet über http://dnb.d-nb.de abrufbar.

ISBN: 978-3-7379-0305-9

© 2015 GBI-Genios Deutsche Wirtschaftsdatenbank GmbH, Freischützstraße 96, 81927 München, www.genios.de

Alle Rechte vorbehalten. Dieses Werk ist einschließlich aller seiner Teile – z.B. Texte, Tabellen und Grafiken - urheberrechtlich geschützt. Jede Verwertung außerhalb der Grenzen des Urheberrechtsgesetzes bedarf der vorherigen Zustimmung des Verlags. Dies gilt insbesondere auch für auszugsweise Nachdrucke, fotomechanische Vervielfältigungen (Fotokopie/Mikroskopie), Übersetzungen, Auswertungen durch Datenbanken oder ähnliche Einrichtungen und die Einspeicherung und Verarbeitung in elektronischen Systemen.